AF310341

M. GRAVELLE DE FONTAINE

ET SA SOCIÉTÉ

AU VAL-JOYEUX

Par J. FÉLIX

ROUEN

IMPRIMERIE DE ESPÉRANCE CAGNIARD

88, rue Jeanne-Darc, 88

1888

à Monsieur Léop. Delisle
membre de l'Institut, administrateur
général de la Bibliothèque nationale,

respectueux hommage,

J. Félix

———

M. GRAVELLE DE FONTAINE ET SA SOCIÉTÉ

AU VAL-JOYEUX

M. GRAVELLE DE FONTAINE

ET SA SOCIÉTÉ

AU VAL-JOYEUX

Par J. FÉLIX

ROUEN

IMPRIMERIE DE ESPÉRANCE CAGNIARD

88, rue Jeanne-Darc, 88

1888

M. GRAVELLE DE FONTAINE ET SA SOCIÉTÉ

AU VAL-JOYEUX

Le chef de l'école du bon sens, pour laquelle on ne risquerait rien à décréter l'enseignement obligatoire, Boileau, en un de ses vers frappés au coin de la raison, maltraite rudement, à son habitude, l'auteur malencontreux,

« Qui de tant de héros va choisir Childebrand » (1).

L'impunité octroyée à plus d'une publication contemporaine m'a donné la conviction que la férule du fameux satyrique a été enterrée avec lui ; c'est pourquoi je me hasarde, avec une confiance que l'on ne trouvera pas présomptueuse, je l'espère, à vous présenter un personnage que nul ne prétendrait placer au rang des héros et dont la notoriété, inférieure à celle du frère oublié de Charles Martel, ne s'est même pas élevée jusqu'au

(1) Boileau. *Art poétique*, chant III.

renom modeste du monarque populaire qui régna dans
une cité voisine et dont nos mœurs égalitaires ont réduit
le royaume déchu à l'importance mesquine d'un simple
arrondissement.

Interrogé sur ce qu'il avait fait durant la terreur,
Sieyès répondit : « J'ai vécu ». L'honnête homme dont
je viens vous entretenir, quoique aussi « peu connu
dans l'histoire » que le roi chansonné (1), fut, pour
des motifs qu'elle a jusqu'à présent ignorés, un instant
signalé à la haine de ses concitoyens et faillit devenir
une victime de la politique à laquelle il demeura cons-
tamment étranger. Avec une prudence toute normande
qu'expliquait son origine et que justifiait d'ailleurs la
rigueur des circonstances, il s'esquiva devant le péril et
dans la retraite tutélaire qu'il s'était choisie, plus
heureux encore, meilleur peut-être que l'abbé législa-
teur, non seulement il échappa comme lui à la mort
dont la proscription les menaçait ; mais des communi-
cations intimes, que je puis trahir sans scrupule, le
montrent « vivant fort bien, sans gloire » assurément,
utilement pourtant d'abord, gaiement plus tard, prati-
quant la charité et le dévouement, partageant tous ses
moments entre les charmes de l'amitié, les devoirs de
la famille et le culte des lettres jusqu'au jour où, après
avoir tremblé sous la tyrannie sanglante de Robespierre, espéré sous la réaction thermidorienne, respiré
sous le Consulat, le magistrat de l'ancienne monarchie
s'éteignit administrateur municipal sous l'Empire : exis-

(1) Béranger. *Le Roi d'Yvetot.*

tence marquée par ce trait singulier que le début et la
fin sont voués à l'exercice abrégé de fonctions publiques
interrompues par un intervalle de vingt-quatre années,
exclusivement absorbé par les amusements les plus
délicats de l'esprit, les satisfactions les plus douces du
cœur. L'intérieur champêtre dont la porte m'a été
ouverte par une courtoisie à laquelle je ne puis offrir
que le tribut respectueux d'une reconnaissance pos-
thume et qui, par la politesse exquise des manières,
l'élégance légèrement apprêtée du langage, la grâce un
peu convenue du ton, la familiarité à demi guindée des
habitudes, le large emploi d'une belle fortune, offrirait,
s'il ne s'en distinguait par la profondeur et la sincérité
des sentiments, l'idée d'un salon du xviiie siècle trans-
planté par delà la Révolution, m'a, je dois l'avouer, trop
vivement attiré pour qu'à l'exemple des amoureux
vraiment épris je ne me sente pas disposé à l'indiscrétion
de divulguer ma bonne fortune, souhaitant que mon
goût obtienne l'agrément des confidents dont je me fais
l'introducteur dans ce monde pour une heure ressus-
cité.

Jacques-Nicolas Gravelle de Fontaine, baptisé à
Rouen, le 29 mai 1749, était fils de Jacques Gravelle de
Fontaine, nommé le 30 janvier 1741 à l'office de notaire
secrétaire de la Cour des Comptes, aydes et finances de
Normandie, au lieu et place de Pierre Gravelle de
Chauvin, son père, et qui obtint le 13 janvier 1762 des
lettres d'honneur, enregistrées le 31 mars suivant.
Avocat au Parlement, il fut nommé le 21 juin 1775, à
l'office de conseiller lay en la Cour du Parlement, dont

Jacques-François Démarest de Saint-Aubin s'était démis en sa faveur, et le 25 juillet de la même année il était reçu en cette compagnie. Il portait d'azur au chevron d'or accompagné de trois croissants d'argent, 2 et 1.

La courageuse tentative du chancelier Maupoou pour abolir la vénalité des offices venait en effet d'échouer et le rétablissement de cette scandaleuse institution, concédé aux attaques passionnées des intéressés par la faiblesse malhabile de Louis XVI, faisait asseoir sur les hauts siéges de la magistrature un conseiller de 26 ans, en attendant que l'Assemblée constituante, s'inspirant des éternels principes qui doivent régir les sociétés, supprimât du même coup les parlements et le privilège d'acquérir à prix d'argent le droit de rendre la justice.

Pendant les quatorze années qu'il siégea au Parlement, quels furent les services du jeune homme? La vérité oblige de reconnaître que sa participation à l'œuvre judiciaire ne fut signalée par aucun incident digne d'être noté ; consciencieusement assidu aux travaux qu'il partageait avec ses collègues, il dût leur prêter une collaboration efficace, mais qu'alors comme aujourd'hui la nature de ses fonctions condamnait à l'obscurité, se prélassant, je le crains, dans la situation facile dont les devoirs sont plaisamment résumés en cette règle imaginaire de je ne sais quel couvent établi sans doute aux environs de la fameuse abbaye de Thélème (1) : « *Bene dicere de Priore, facere officium*

(2) Rabelais. Livre I, chap. 52.

» *taliter qualiter, sinere mundum ire quomodo va-*
» *dit,* » « Dire du bien du Prieur (du premier prési-
» dent, en l'espèce, comme on dit au Palais), remplir
» sa charge tellement quellement, laisser le monde
» aller comme il va. »

Mais le repos n'est qu'une tente dont le frêle abri
s'ébranle et croule au souffle de la tempête et voilà que
des événements imprévus détruisent la quiétude à laquelle
s'abandonnait le parlementaire rouennais. La Révolution avait éclaté et à côté d'actes généreux surgissaient
des désordres exploités par la malveillance. Avec l'ad-
mirable élan qui, après la chute de la Bastille, inspirait
dans la nuit du 4 août 1789 aux privilégiés de l'Assemblée la renonciation aux droits féodaux, l'admission
de tous les citoyens aux emplois civils et militaires,
l'égalité des impôts, l'abolition de la vénalité des offices
contrastait lugubrement le meurtre de Foulon et de
Berthier, commis par la populace parisienne en dé-
mence. L'acteur Bordier, qui, en passant par Gisors,
s'était vanté d'avoir joué un rôle dans cette ignoble
tragédie, arrive à Rouen où il s'abouche avec Jourdain, un banqueroutier qui se pare du titre d'avocat à
Lisieux et a su obtenir du marquis d'Herbouville, colonel des volontaires, armés pour la sécurité de la cité,
le grade de capitaine. L'heure est favorable aux pê-
cheurs en eau trouble que le moindre tumulte fait
surgir des bas-fonds : la difficulté des approvisionne-
ments, la cherté des subsistances, la misère qui en
résulte, les excitations des meneurs et la présence des
mauvais sujets prêts à profiter de tout prétexte pour

satisfaire leurs appétits sauvages poussent à se soulever une foule affolée par le besoin et dont la crédulité se persuade aisément que la famine imminente est produite par d'odieux accaparements. Guidée par ces deux aventuriers, à une heure du matin, elle envahit et saccage l'hôtel de l'intendant qui peut avec peine se soustraire aux recherches furieuses dont il est l'objet ; puis la journée se complète par le pillage des bureaux des commis des aides et l'incendie de leurs registres. L'intervention énergique de la garde bourgeoise, obéissant aux ordres de la municipalité entre les mains de laquelle le Parlement a résigné ses pouvoirs de police, met enfin un terme à ces scènes hideuses et la justice est appelée à en punir les auteurs. Les déclarations du Roi des 21, 23, 24 mai et 21 août 1789 attribuaient à la juridiction des prévôts des maréchaux la connaissance et le jugement des « émotions populaires, attroupements, excès et violences commis à force ouverte ». Les 19 et 20 août furent employés à la lecture des pièces du procès, l'audition des témoins, les interrogatoires des accusés, et le 21, le tribunal prononçait la sentence en exécution de laquelle, le même jour et malgré de puissantes recommandations parties de la capitale, Bordier et Jourdain étaient pendus à une potence plantée sur le port à l'entrée du pont.

En politique, le triomphe est d'autant plus impitoyable que les craintes ont été plus vives : c'est ce sentiment qui dût inspirer la comédie de « Bordier aux enfers », dont je crois pouvoir attribuer la paternité à Louis Beffroy de Reigny, le cousin Jacques, et

surtout la caricature qui montre Bordier en habit
d'Arlequin, prononçant, au pied de la potence, ces mots
extraits d'une pièce de son répertoire, « la Nuit aux
aventures », dans laquelle il représentait Frontin :
« Vous verrez que je serai pendu pour arranger l'af-
» faire », estampe qui porte en tête ce titre : « Avis
» aux perturbateurs du bon ordre par feu Bordier,
» mort en l'air à Rouen, le 21 août 1789 (1). » Cependant le mérite artistique de Bordier, dont la verve co-
mique égayait chaque soir les spectateurs des Variétés
en avait fait une célébrité des boulevards de Paris et
quoique les événements aient transformé bien des
comédiens en révolutionnaires (à ne citer que Grammont, Collot d'Herbois et Fabre d'Eglantine) (2), l'on

(1) Du cabinet du regretté M. Edouard Frère, l'érudit et vénéré
bibliothécaire de la ville de Rouen, cette gravure est passée dans mes
mains. — *La nuit aux Aventures*, comédie en trois actes et en
prose, de Dumaniant, acteur dans la même troupe que Bordier, avait
obtenu un grand succès à Paris et en province.

(2) Grammont et Collot d'Herbois jouaient à Rouen sous la
direction de la Montansier. Collot d'Herbois s'y distinguait des
autres comédiens en rimant des couplets, en composant des im-
promptus en l'honneur des personnages marquants, tels que le
duc de Bourbon ou le prince de Condé, de passage dans cette ville et
il y faisait représenter, lors de la naissance du fils de Louis XVI,
dont il devait être le proscripteur, « *La fête dauphine* », à propos où
les flatteries au roi et à la reine, dont il allait aussi bientôt hâter la
mort, ne sont pas ménagées par le terroriste en herbe. Quant à
Grammont, après avoir quitté la scène rouennaise pour jouer à
Paris la tragédie avec Mlle Sainval, il obtint, grâce à l'exagération de
ses manifestations politiques, le grade de général ; c'est en cette
qualité qu'il commanda l'escorte qui conduisit à l'échafaud Marie-
Antoinette, circonstance dont il profita pour désigner l'auguste

avait, à cette époque encore, quelque peine à se figurer
un acteur aimé et joyeux commandant une troupe de
pillards prêts à verser le sang. Ainsi s'expliquent aisément, sans recourir à l'hypothèse invraisemblable d'une
connivence avec le duc d'Orléans, alléguée par des
partisans du condamné ou des ennemis du prince, les
démarches tentées en faveur du comédien par l'arche-
vêque de Bordeaux, Lafayette et Bailly ; ainsi se justifie
la vivacité de l'écrit publié par Dumaniant, son cama-
rade au théâtre, sous le titre de « Mort de Bordier » ;
ainsi se pardonne le ton violent de la « lettre à M. le
marquis d'Herbouville, colonel des volontaires de Rouen,
par quatre d'entr'eux détenus prisonniers », sans qu'il
soit facile d'étendre cette indulgence à la brochure
intitulée : « les Iniquités découvertes ou l'Innocence
» reconnue des sieurs Bordier et Jourdain ». Mais, si
ardentes que soient les récriminations dirigées dans ces
factums contre M. d'Herbouville, contre Turgis, l'un
des juges, contre le chevalier Flambart, lieutenant de
la maréchaussée, brave officier, décoré de l'ordre de
Saint-Louis, qui exposait chaque jour sa vie pour assu-
rer le service des subsistances, l'on n'y peut découvrir

victime aux injures et aux vociférations de la foule. Bientôt après il
était guillotiné, précédant de peu de temps Collot d'Herbois qui
mourait à Cayenne, où il avait été déporté. Pour Fabre d'Eglantine,
l'une des victimes de Robespierre, après avoir été son ami, *les
Annales du bibliophile belge*, tome VIII, Bruxelles, Olivier, 1882,
signalent sa présence sur les scènes des Pays-Bas, notamment au
théâtre de Liège, en 1781, avant qu'il ne figure dans les drames qui
ont successivement décimé la Convention, dont il fut l'un des membres
actifs tant que dura l'influence de Danton.

la moindre allusion à Gravelle de Fontaine, dont le nom
ne se trouve mêlé à aucun incident touchant de près ou
de loin aux affaires publiques et que ses fonctions ren-
daient étranger à la répression des troubles, alors
malheureusement trop fréquents, même en cette région
où les excès révolutionnaires furent rares et n'eurent
pas de conséquences graves.

Tout à coup néanmoins paraît à Paris un pamphlet
dont le titre seul dénote les tendances sanguinaires.
« La Chasse aux bêtes puantes et féroces qui, après
» avoir inondé les bois, les plaines, etc., se sont ré-
» pandues à la Cour et à la capitale » met à prix la vie
de la reine, « panthère échappée de la Cour d'Alle-
» magne », et de tout son entourage. Une liste suit
cette injurieuse nomenclature et l'on y classe parmi les
« proscrits de la nation, avec la notice des peines qui
» leur sont infligées par contumace, en attendant le
» succès des poursuites qui sont faites de leurs per-
» sonnes, ou l'occasion », l'intendant de Maussion promis
à l'échafaud terroriste sur lequel il devait périr cinq
ans plus tard environ, le premier président de Pont-
carré, le procureur général de Belbeuf, signalés tous
trois comme accapareurs de grains, le marquis d'Har-
court, gouverneur de Rouen, le chevalier Flambart,
Jarry, procureur au Parlement, le commissaire de police
Renard. En tête de tous ces citoyens de sa ville natale,
et sans que rien semble motiver ce périlleux honneur,
Gravelle de Fontaine se trouve dénoncé à la vengeance
populaire par cette notice spéciale :

LE SIEUR FONTAINE, CONSEILLER AU PARLEMENT DE ROUEN.

« Comme rien n'est si dangereux qu'un faux témoin,
» et que nous avons malheureusement des preuves
» certaines de la mauvaise foi de celui-ci, le condam-
» nons à être promené, pendant trois jours, dans la
» ville et les carrefours de Rouen, et ensuite à être
» pendu. Exhortons les habitants de cette ville, dont la
» moitié nous donne des témoignages d'un refroidis-
» sement criminel envers la nation, à réparer cette
» négligence en tenant la main à cette exécution et
» surtout à toutes celles des accapareurs de grains,
» dont le nombre est considérable.

» Les mémoires sûrs que nous avons reçus contre
» cet infâme agent de l'aristocratie nous donnent la
» liste de quantité de victimes de ce faux témoin. La
» malheureuse affaire du sieur Bordier, des Variétés de
» Paris, ajoute à sa scélératesse. Un tel événement,
» loin de faire honneur aux rouennais, ne peut que
» rendre leur fidélité très suspecte ; il leur est important
» de se justifier d'une aussi criante injustice ».

L'accusation était aussi inepte qu'inique. Gravelle de
Fontaine, qui n'avait été témoin ni dans l'affaire Bordier, ni dans d'autres procès, qui n'avait pu juger des
causes que la loi avait distraites de sa juridiction et
qu'une existence paisible, un caractère inoffensif n'a-
vaient pu défendre contre cette manifestation haineuse
d'une basse animosité, prit le parti conseillé jadis par le

président de Harlay, de parlementaire mémoire, et, bien qu'il n'eut pas plus commis de parjure qu'il n'avait enlevé les tours de la cathédrale, il ne tarda pas à soustraire sa personne à la promenade exceptionnelle qu'on se proposait de lui infliger et au traitement encore moins tentant dont cette exhibition devait être suivie. Sans prévoir dès ce moment le succès de la violence et sa main mise sur le gouvernement, sans se douter que 1793 verrait la réhabilitation officielle et éphémère de Bordier et Jourdain et que pendant deux ans leurs noms désigneraient les quais, témoins de leur juste supplice, il profita de la liberté que lui offrit la suppression des parlements et quitta pour un village retiré la ville où ses jours n'étaient plus en sûreté.

S'il cacha sa vie, il cacha aussi celle d'autrui et il faut proclamer à son honneur que, sans souci des craintes égoïstes dont ces temps malheureux ont souvent offert le douloureux spectacle, il ouvrit, au risque de dénonciations mortelles, l'asile qu'il s'était ménagé à plus d'un proscrit ainsi sauvé de l'échafaud. Bientôt le mystère dont ses jours étaient entourés prit fin avec le retour de l'ordre, et cette société que l'infortune avait groupée, accrue des amis et voisins qu'un accueil prévenant attirait et que retenaient des plaisirs favorisés par une fortune largement dépensée, jouissait des loisirs nouveaux dont le charme lui paraissait d'autant plus doux en les consacrant à la danse, la pêche, le jardinage. L'esprit avait sa part aussi dans les distractions de ces hommes distingués, de ces femmes aimables : on jouait des pièces, des proverbes, des charades et pas un anniversaire, qu'il s'agît des maîtres du logis ou de leurs hôtes, n'était célébré sans qu'un divertissement scénique, des couplets, des compliments en vers ou en prose ne fussent employés à fêter Louise, Julie, Sophie ou à établir un parallèle louangeur entre les deux Annettes. A l'exécution comme à la composition de ces bluettes poétiques (l'épithète est-elle exacte?), sans qu'on pût facilement distinguer la collaboration individuelle, tous et toutes concouraient avec assez peu de prétention, d'ailleurs, pour que les dames n'y fussent pas suspectes d'un pédantisme ridicule, pour que des lèvres galantes pussent se poser respectueusement sur des mains dont l'encre ne noircissait pas les doigts mignons et effilés et surtout pour que la malignité envieuse fût incapable de teindre d'une nuance azurée la blancheur du vêtement jumeau, soigneusement tiré, que décelait à des yeux parfois curieux le bord imperceptiblement relevé des robes écourtées par la mode.

L'on me permettra à ce propos de me constituer, par une digression légitime, le champion d'un sexe qui se plaint d'être souvent sacrifié et de le venger d'une allusion blessante pour la plus belle partie de l'humanité en rétablissant la vérité trop longtemps méconnue. Pour sa défense contre d'indiscrètes révélations l'on a trouvé d'ingénieuses ressources :

> « Madame alléguera qu'elle monte en berline,
> » Qu'elle a passé les ponts quand il faisait du vent »,
> .... (1).

Inutile plaidoyer, auquel il suffit de substituer la

(1) A. de Musset, *Namouna*.

sincérité historique en constatant que, par un abus
évident de leur suprématie sociale, les hommes ont
rejeté sur leurs compagnes docilement résignées un
sobriquet que l'un d'eux a mérité le premier. Parmi les
esprits distingués qui donnaient le ton au monde lettré
en Angleterre, de 1670 à 1740, et s'assemblaient au
foyer de mistress Montagu, avec le critique Samuel
Johnson, Goldsmith l'auteur du *Vicaire de Wakefield*,
les historiens Burke et Hume, le peintre Reynolds, le
tragédien Garrick, se rencontrait, en effet, Benjamin
Stillingfleet, insoucieux de sa toilette et chaussé de
façon telle, qu'en dépit de la pruderie britannique qui
avait déjà admis l'ordre de la jarretière, malgré son
origine galamment légère, l'on donna à ce salon natu-
rellement jalousé le surnom de club des bas bleus (1).
La lâcheté masculine, qui aurait peut-être dû désarmer
devant Mme de Sévigné, Mme de Staël et Georges Sand, a
sournoisement transféré ce sobriquet aux femmes
auteurs. Elles le garderont, j'en ai peur, malgré la pro-
testation que ma conscience m'a dictée en leur faveur.

Cette appellation malséante ne pouvait être de mise
dans le milieu simple où à côté d'André, de Jacquelin,
de la petite Francine figuraient Mme de Luzine, femme
d'un fonctionnaire de l'ancien régime, fixée avec son mari
à Versailles, ainsi que Mme de Mainville et surtout
Mme Beaujouan, dont la vivacité contrastait avec l'air
sérieux de son mari, qui avait quitté Paris et le commerce de la joaillerie pour le commerce plus aimable

(1) Esquiros, *Revue des Deux-Mondes*, 1860.

et l'agrément plein de charme que lui offraient la campagne et l'amitié. Au sein de ces ménages dont le malheur des temps avait resserré l'union, en supposant que sous un ciel plus clément elle eût été tant soit peu relâchée, quelques célibataires avaient pénétré, dont la gaieté communicative n'effarouchait pas ces couples bienveillants, et mal venu eût été le théoricien qui eût proposé de soumettre leur isolement à la redevance fiscale imaginée par ces économistes contemporains en quête d'impôts dont la timidité partiale n'ose même courber les deux sexes sous une loi égalitaire, en dépit, ou plutôt à cause de tout ce qu'on dit des vieilles filles. Dans leur cordiale intimité se glissait quelquefois le souvenir des jours d'épreuves ; mais ces cœurs d'élite, ces âmes indulgentes auraient jugé de mauvais goût des paroles amères, des tableaux empreints d'un fatalisme dramatique. Leur description du champêtre refuge que, près de Versailles et de Saint-Cyr, Villepreux leur avait prêté et qu'ils ne tardèrent pas à rebaptiser de son nom ancien du Val-Joyeux, semble empruntée à une idylle, dans laquelle s'entrevoit en un vague lointain le loup, une bergerie de Florian contigue à la boucherie de la Terreur :

« Près des lieux consacrés aux élèves de Mars,
» Aux champs où de Vilpreux s'élèvent les rempart,
» Est un vallon riant que jadis la nature
» Laboura de sa main et taille tous les ans ».

C'est dans ce cadre immuable que les proscrits rendus

à l'existence ont pu retrouver le coin rustique où ils
fuyaient leurs persécuteurs :

> « La maison de l'homme de bien,
> » Cet asile inconnu, ce séjour tutélaire,
> » De l'hospitalité devint le sanctuaire.
> » Libre, mais frémissant sous ces ombrages verts,
> » Plus d'un infortuné sût éviter des fers.
> » Je vois d'ici le bois et la porte secrète :
> » Quand le soir arrivait, au fond de sa retraite,
> » On se disait tout bas, en se serrant la main :
> » Encore un jour ! à demain, à demain ».

Délivrés alors des angoisses qui troublaient chacun de
leurs instants, c'est avec une émotion vraie qu'ils ajou-
taient en s'adressant à leurs bienfaiteurs :

> « Êtres généreux et sensibles,
> » Ce souvenir vous reste; il est digne de vous.
> » De l'homme vertueux tous les moments sont doux.
> » Enfin avec des jours plus sereins, plus paisibles,
> » Des ris escortés par les jeux
> » L'essaim revint au Val-joyeux ;
> » L'ordre qui naît des lois ramena l'abondance ».

Ce témoignage de gratitude s'applique à deux personnes
et je m'aperçois que je n'ai pas encore nommé Mme Gravelle de Fontaine : oubli inexcusable, car ses grâces
physiques attiraient et captivaient l'attention. Obéissant au penchant irrésistible de l'amour, le conseiller
au Parlement de Rouen, avait épousé une parisienne,
Marie Louise Wantin, veuve de Jean-Jacques-Léonard
Talbot, qu'il aurait fait sortir de la condition la plus
humble. Une tradition, dont la destruction des registres

de l'état civil de Paris (1) ne permet pas de vérifier le
fondement, en fait la fille d'un ouvrier fileur ; mais son
mari pouvait invoquer sa beauté d'abord, plus tard sa
bonté pour justifier une mésalliance dont il n'eut jamais
qu'à se féliciter, quoique, au temps où elle se produisit,
elle constituât une dérogation bien rare aux exigences
sociales. En admettant cette inégalité de situation entre
les époux, il faut convenir que le portrait qui se voit à
la bibliothèque de Versailles, dans la collection donnée
par M. Vastel, offre une excuse plausible à l'entraînement
du jeune homme. Peinte dans le goût du xviiie siècle,
Mme Gravelle de Fontaine, dans sa robe de soie entr'ouverte, avec ses cheveux discrètement poudrés, séduit
par la légèreté élégante et la souplesse gracieuse de sa
taille, la blancheur de sa peau, le coloris animé de son
teint, la distinction de ses traits, le sourire caressant de
sa physionomie, la finesse purpurine de ses lèvres fraî-
ches, l'éclat humide et pénétrant de ses yeux bruns qui
lancent un regard modeste à la fois et piquant. J'ignore
si, même à ce premier quartier de la lune de miel, la
passion de celui auquel elle confiait son avenir pouvait
se comparer à l'enthousiasme du poète espagnol (2),
qui, contemplant sa maîtresse endormie sous un arbre,
s'écriait : « Venez voir le soleil couché à l'ombre ! »
mais je sais qu'il l'aimait encore lorsque, après les
malheurs dont ils avaient ensemble subi la menace

----

(1) Ce n'est pas le moindre des désastres causés par la Commune
de 1870 qui a aussi anéanti par l'incendie les précieuses bibliothèques
du Louvre et de l'Hôtel-de-Ville.

(2) Cité par Louis Racine.

mortelle, ils atteignirent leur automne, « ces beaux jours de cristal », comme dit Mme de Sévigné, « qui ne sont plus chauds, qui ne sont pas froids ». Il ne connut point, grâce au naturel égal et affectueux de celle qu'il avait associée à son sort et élevée à une position inespérée, les ennuis qu'une femme supérieure par son esprit ou ses charmes inflige trop habituellement au compagnon humilié de leur voyage conjugal sur cette terre, imposant à sa personnalité relativement insignifiante un rôle nécessairement effacé. Et lorsque l'hymen de ces honnêtes gens, dont la vie bienfaisante et l'affabilité inaltérable avaient appelé et retenu autour d'eux de solides amitiés et de sympathiques prévenances, parvint à son hiver, Nicolas pouvait dire de sa Louise, dont, le 25 août de chaque année, la colonie du Val-Joyeux chantait le cœur sensible et bon, ce qu'Emile Deschamps disait d'une autre beauté célèbre, Mme Récamier : « Elle n'est pas vieille, seulement elle est jeune depuis très longtemps (1) ».

Aussi comme on aimait cette royauté qui, dans ce coin perdu au milieu du feuillage, ne se révélait que par son aménité! Ecoutez plutôt la chanson du jardinier qui cueille des fleurs pour sa fête :

« Si nous fournissions de bouquets
» Tous ceux dont elle est adorée,
» Et que d'la ville on vint exprès
» Pour qu'elle soit mieux célébrée,
» S'il nous fallait faire l's honneurs
» Et contenter tout ce biau monde,
» Je n'trouverions pas assez d'fleurs
» A dix lieues à la ronde ».

(1) De Falloux. *Mémoires d'un royaliste.*

Le bonheur, en effet, se compose autant de celui qu'on reçoit que de celui qu'on donne et l'on pouvait, en embrassant ce couple vénéré, répéter sur l'air « des bonnes gens », qui ne détonne ni avec les paroles, ni avec la situation :

> « Epouse, père et fille,
> » Bons amis et bons parens,
> » Ne font qu'une famille
> » De vingt êtres différens.
> » Vous qu'pour jouir rien n'arrête,
> » Voulez-vous voir des heureux ?
> » Venez célébrer la fête,
> » La fête du Valjoyeux ».

Riante oasis ! aucun nuage n'altérait la pureté de ses horizons et le moindre regret, qui pouvait faire souffrir ces âmes tendres, était prévenu par les ingénieuses compensations que leur suggérait un attachement réciproque. Leur mariage était resté stérile, mais leurs cœurs charitables s'étaient entendus pour satisfaire à leur besoin d'aimer en adoptant une jeune fille dont la reconnaissance s'épanchait en ces gracieux accents :

> « L'espoir de combler vos vœux
> » Me tient sans cesse éveillée ;
> » Mais quand je vous vois heureux,
> » Un sourire m'a payée ».

Rappelant à celle dont les soins avaient protégé son enfance les bienfaits que sa sollicitude lui avait prodigués, elle l'en remerciait dans ce couplet empreint d'une douce naïveté :

> « Le Ciel, dès mes plus jeunes ans
> » Près de toi, par un sort prospère,

» Me fit trouver les sentiments
» D'une bonne et sensible mère ;
» De même, fidèle à sa loi,
» Je suis digne de ta famille,
» Car j'éprouve que j'ai pour toi
» Le cœur et l'amour d'une fille ».

Une tradition consacrée par de fréquents exemples enseigne que les *cousins* élevés avec leurs cousines résistent rarement à l'influence séductrice des charmes dont la familiarité d'une existence commune renouvelle incessamment à leurs yeux le spectacle enchanteur, sympathie naturelle qui grandit parfois et se fortifie lorsqu'à l'attrait naturel de la jeunesse vient s'ajouter un prestige, auquel, sous l'Empire du moins, peu de femmes demeuraient insensibles, celui de l'uniforme militaire. Dans un divertissement imaginé pour la fête de sa mère adoptive, Julie rencontre Melcour et sous ce pseudonyme le neveu des maîtres de la maison lui pose cette question, que je n'ose recommander aux jeunes danseurs embarrassés d'entamer une conversation avec leur timide partenaire :

« Votre première contredanse,
» Vous la rappelez-vous ? — Pourquoi ?

répond-elle.

« Vous la dansâtes avec moi »,

reprend Melcour :

« Depuis, j'ai voyagé. Les Français à la gloire
» Marchent tous et, comme eux, appelé par la loi
» J'ai servi mon pays. A plus d'une victoire

» Je fus présent au champ d'honneur ;
» Mais, dans tous ces combats où triomphe la France,
» Je n'ai point oublié les jours de mon enfance
» Et tous mes souvenirs sont restés dans mon cœur ».

Si, par la noblesse affectée et la déclamation sentimen-
tale de son langage emphatique, le fringant Melcour avait
qualité pour faire valoir ses titres à porter l'épaulette à
fils d'or dans le régiment badin où ont servi le soldat
Montauciel, le sergent Max, le chevalier de Florival
et le sous-lieutenant George Brown (1), le neveu du
savant historien du droit public dont il portait le nom,
le brillant officier qui revenait de la guerre d'Espagne (2), l'aide de camp futur et le collaborateur du célèbre Jomini, le tacticien qui devait être un des professeurs
les plus distingués de l'école d'application d'état-major
ne ressemblait certes que par son déguisement trans-
parent à un prétentieux soupirant d'opéra-comique,
bien que l'amitié pût, comme au théâtre, applaudir au
dénouement classique de ce joli roman de famille en
assistant au mariage de la pupille, si galamment cour-
tisée, de Gravelle de Fontaine, avec Frédéric de Koch,
dont la longue carrière se termina par le grade de
général.

(1) Est-il nécessaire d'indiquer autrement le nom des chefs-d'œuvre
de Monsigny, Adam, Grétry, Boïeldieu et de citer *le Déserteur, le
Chalet, l'Amant jaloux* et *la Dame blanche* ?

(2) Il convient de rappeler ici les vers d'un poète normand :
« Le fringant officier du temps de l'Empereur,
» Quand son sabre trainait, en sonnant sur les dalles,
» Pouvait montrer, du moins, aux nations rivales,
» La blessure à son front et la croix sur son cœur. »

Louis Bouilhet : *Festons et Astragales*, LE LION.

Aux séparations temporaires que les garnisons du jeune ménage allaient leur imposer, les parents, dans leur iné_uisable bonté, avaient d'avance assuré une atténuation consolante par la présence sous leur toit d'une amie, dont l'enjouement triomphait de la maladie et dont l'humeur joyeuse égayait toute la maison. Voici son portrait tracé par un pinceau fidèle :

« Sans cesse débile et souffrante,
» Elle a su conserver un front toujours serein ;
» La douleur siège dans son sein,
» Son regard est tranquille et sa bouche riante.
» Plus elle excite l'intérêt,
» Plus elle veut cacher le mal qui la dévore
» Et d'elle seule on apprendrait
» Le secret de souffrir et d'être aimable encore ».

Douce figure, en effet, que cette femme, dont la frêle énergie surmonte des douleurs ininterrompues, pour remercier par son entrain les bienfaiteurs qui avaient recueilli son isolement au milieu de la tourmente et auxquels elle adressait, lors d'un anniversaire, ce cordial compliment :

« Si je consultais toujours
» Mon cœur ainsi que ma tête,
» O dignes amis, vos jours
» Seraient toujours des jours de fête ».

Fille d'un magistrat d'Alençon, mort avant la Terreur, Mlle Boulley avait introduit dans l'asile hospitalier où elle avait retrouvé une famille un rire éclatant, dont la franchise ne ménageait même pas la claudication dont elle était, je n'ose dire, affligée, et qui la contrai-

gnait à l'usage constant d'une béquille, si j'en juge par
ce couplet qu'elle chantait à Mme Gravelle de Fontaine :

> « Près de toi quand je suis assise,
> » Le cœur content,
> » Rien ne me manque en ce moment.
> » Mais, s'il faut que je vous le dise,
> » Je vais, quand je quitte Louise,
> » Clopin, clopant ».

A côté d'elle, et doué d'une bonhomie, dont la jovialité
prouvait sa parenté avec cette excellente personne, un
ancien émigré, qui devait sous la Restauration obtenir
un grade élevé dans les gardes du corps, et qui a signé
l'acte de décès de Gravelle de Fontaine, dont il était le
voisin et l'ami, Boulley de Blesbourg accommodait aisément sa gaieté aux jeux toujours renouvelés d'une
joyeuse jeunesse et ne se vantait pas lorsqu'il disait :

> « La dame du château
> » Rit toujours quand je parle, et je la ferai rire ».

Faisant chorus avec le gentilhomme normand, un autre
héritier des traditions du siècle passé célèbre à son
tour, en vers inférieurs à ses sentiments, la maîtresse du
logis :

> » Vous nous dites que la tristesse
> » Naquit de l'uniformité,
> » Qu'elle exile au loin la tendresse
> » Et mène à la satiété.
> » Moi, bien loin de la voir paraître,
> » Près d'elle occupant mes loisirs,
> » A chaque instant je vois renaître
> » Nouvelles fleurs, nouveaux plaisirs ».

C'est Girard. A Versailles, il habite, dans la rue de

Montboron, le même hôtel que l'ancien conseiller au Parlement de Rouen, dont il signera aussi l'acte de décès. Jadis employé dans les fermes, il a gardé l'élégance fastueuse du financier et le grand ton, dont les événements qu'il a traversés n'ont pu le deshabituer, l'oblige encore à n'user pour nettoyer les allées du Val-Joyeux que de rateaux dont le manche est garni de velours.

Et, comme dans ce cercle sans cesse animé, l'on parle moins qu'on ne fredonne, sans se soucier d'encourir l'application du mot de Figaro : « Ce qui ne vaut pas la peine d'être dit, on le chante (1) », voici que, donnant l'exemple aux époux de notre temps, le mari lui-même ne craint pas de braver les plaisanteries, les périls même qui, depuis la mésaventure échue au roi Candaule pour s'être imprudemment targué des mérites de sa femme, suivent parfois de bien près des éloges conjugaux trop complaisamment détaillés, et à la

> « Bonne et sensible amie
> » Qu'aime si tendrement son cœur »,

il adresse ces souhaits émus :

> « Près de toi, compagne chérie,
> » Je n'ai connu que le bonheur.
> » Puisse la Parque, favorable
> » Aux vœux que je fais chaque jour,
> » T'offrant une main secourable,
> » Te conserver à mon amour ! »

C'est que l'affection, lorsqu'elle est inspirée par la bonté de ceux qui la font naître, demande sans cesse à se

(1) Beaumarchais. *Le Barbier de Séville.*

manifester. Elle s'emparait de tous ceux qui étaient
admis dans un intérieur ouvert, comme le cœur de ses
habitants, à des sentiments honnêtes, à des âmes géné-
reuses et dictait à des hôtes toujours satisfaits ce témoignage sincère de leur gratitude :

> « Elle fait naître sous les pas
> » De l'époux dont elle est chérie
> » Des fleurs qui ne se fanent pas
> » Et dureront toute leur vie.
> » Eh ! comment auraient-ils besoin
> » De veiller à leur existence,
> » Quand ils ont pour en prendre soin
> » L'amitié, la reconnaissance ? »

L'hiver chasse à Versailles cette charmante nichée de
gens aimables ; mais vienne le printemps, aussitôt les
oiseaux retournent sous la feuillée et vont peupler les
bocages de Villepreux. Que les absents, retenus dans la
ville de Louis XIV, à Saint-Germain ou à Paris, se
rassurent ! ils recevront des nouvelles de ceux dont ils
regrettent la société par le journal manuscrit du Val-
Joyeux qui, chaque semaine, comblera la lacune créée
par leur éloignement. « Mmes de Fontaine, de Luzine,
» de Mainville sauront ainsi », écrit le journaliste,
« quel vide terrible elles ont laissé en quittant notre
» ville. Je rencontre souvent des jeunes gens qui ne
» voient pas arriver un lundi, un mardi, un jeudi ou un
» dimanche

> » Sans qu'un profond soupir, exhalé de leurs bouches,
> » N'attendrisse à la fin les cœurs les plus farouches ».

« S'il m'était permis d'exprimer un vœu général, qu'il

» me serait doux, Mesdames, de l'interpréter ainsi et
» de dire :

>> Pour vous avoir toute l'année,
>> Du printemps on se passerait ;
>> L'été serait d'une journée.
>> L'automne en huit jours finirait ;
>> Toute affaire enfin ajournée,
>> Le temps qu'on vous possède on le prolongerait
>> Et l'hiver ainsi durerait
>> A Versailles toute l'année ».

Mais puisque ce souhait subversif des règles climatolo-
giques est irréalisable, le rédacteur s'inquiète des diffi-
cultés que sa plume devra surmonter :

« Amuser des êtres heureux
» Est une tâche difficile,
» Quand chaque jour on voit chez eux
» L'esprit, les grâces de la ville.
» Des fleurs, ornement du printemps,
» La gaîté pare leurs demeures ;
» Au Val-Joyeux, dans tous les temps,
» Les ris semblent compter les heures ».

Il ne sera pas méchant, malgré des exemples nombreux (c'est lui qui parle), dont il ne se fera pas
l'imitateur :

« Une gazette est un prodige,
» Quand avec grâce on y médit ;
» La malignité la rédige,
» L'orgueil satisfait en jouit ;
» Lorsqu'on rit après l'avoir lue,
» Les traits piquants sont pardonnés ;
» Mais une feuille ainsi conçue
» Au Val n'aurait point d'abonnés ».

Et il tient à recruter des lecteurs, des lectrices surtout :

ne lui ont-elles pas promis d'exécuter les clauses qu'il a formulées pour l'abonnement ?

> « Toute peine vaut un salaire ;
> » Mais si j'ai le bonheur d'amuser et de plaire,
> » Qu'exiger d'un travail payé par le plaisir ?
> » L'ouvrage commencé, la parole donnée,
> » Je demande à chaque abonnée
> » De tems en tems un petit souvenir ».

Cette solution une fois trouvée du problème de la presse à bon marché, des recettes pour la pêche alterneront avec le compte-rendu des travaux opérés à Trianon, ou avec des conseils aux jardiniers dans la feuille hebdomadaire qui, si elle ménagera les hommes, s'attaquera avec moins d'hésitation aux compagnies dont ils sont membres et raillera, sur l'air bien à propos choisi de « Bouton de rose », l'amateur d'horticulture, tenant d'une main le livre de Linnée, de l'autre un sécateur :

> « L'agriculture
> » L'a depuis longtemps adopté ;
> » C'est aux champs qu'il voit la nature
> » Mieux que dans la société
> » D'agriculture ».

Puis des nouvelles de la guerre d'Espagne varieront l'intérêt : avec Mme de Sériaque, inquiète du sort de son fils qui combat en Andalousie, l'on se rend sur la route de Paris, malgré une chaleur accablante, et l'on ne se rassure avec cette tendre mère qu'en voyant accourir au galop de son cheval et le chapeau sur sa canne, signal convenu, l'oncle qui apporte de Paris des lettres du jeune officier. Plus loin, c'est un conte amusant que l'on ne me saura pas mauvais gré de reproduire.

« LE JOLI PROFIL

» Le bon peintre qu'Amour pour flatter les portraits !
 » Un Gascon vantait sa maîtresse :
» Sa taille était charmante, elle avait mille attraits,
» Elle était digne enfin de toute sa tendresse ;
» Ce n'était pas peu dire. Un plaisant sur ce point
 » Malignement fait l'incrédule
» Et dit : « Sa belle est borgne et ne mérite point
 » Un éloge aussi ridicule ».
» On riait du Gascon. — Eh ! Messieurs, repart-il,
» Pour un moment, sandis, mettez-vous à ma place :
 » Moi, je ne l'aime pas de face,
 » Mais je l'adore de profil ».

Racine passe pour avoir dit à son ami Boileau, effrayé du bruit qui se faisait autour de sa satire contre le sexe faible, que l'armée féminine n'était qu'un corps composé de langues : en est-il moins redoutable pour cela et la prudence, à défaut de bien d'autres motifs, ne conseille-t-elle pas de chercher à ne lui point déplaire ? L'on m'excusera donc, si, pour me concilier les suffrages des dames, je ne commets pas la faute, qu'elles ne me pardonneraient point, de clore la revue de cette presse familière, sans en extraire les fragments qui peuvent fixer la chronologie de la mode et reconstituer les éléments de l'histoire de leur costume aux premières années de ce siècle :

« Les couleurs à la mode sont ponceau, gros vert,
» jaune, puis lilas, rose et gros bleu semé de pois
» blancs.

» Les marguerites autour des chapeaux de paille
» blanche se portent de toutes les couleurs.

» Il n'est pas en ce moment question de fichus mon-
» tants ; nos dames jettent négligemment sur une pèle-
» rine, plissée ou non, simple ou brodée, un fichu de
» couleur à mouches.

» Pour peu que vous prêtiez une religieuse attention
» à mes récits, vous saurez, Mesdames, que la longue
» redingote, blanche et nouée avec des rubans de cou-
» leur, a succédé aux grandes robes de parure.

> » Ce négligé charmant doit être cher aux belles,
> » En même temps il cache et trahit leurs appas :
> » L'hymen pourra fort bien en murmurer près d'elles,
> » Mais l'amour ne s'en plaindra pas.

» Un ruban détaché a l'air d'une négligence, d'un
» aimable désordre, dit le roi des modes, et quand la
» main droite relève avec grâce les plis de la redingote,
» l'ouverture va sur le côté gauche et découvre un joli
» pied, une jambe charmante.

» Ne pourrions-nous pas quelquefois nous permettre
» de dire :

> » Souvent un beau désordre est un effet de l'art ».

Après avoir ainsi terminé par une observation maligne
cette description qui pourrait ramener l'attention sur
un vêtement cher à nos aïeules, et dont les révolutions
de la toilette féminine ne rendent pas la réapparition
absolument invraisemblable, le publiciste mondain
passe à un objet plus intime, accessoire indispensable à
toute époque du costume porté par le beau sexe, ingé-

nieuse et durable invention, dont le centenaire pourrait
être célébré, et qui du sol de la France a étendu sa
conquête pacifique sur toutes les régions civilisées. La
glorification de l'œuvre nationale appelée à un tel
succès, au moment même où commençait à peine son
existence, dénote chez l'écrivain une prescience qui
doit trouver sa récompense dans la reproduction des
lignes qu'il lui consacre :

« On prétend qu'un artiste célèbre, après être resté
» quelques instants en contemplation, au Musée, devant
» la Vénus de Médicis, s'écria dans un moment d'inspi-
» ration : Je veux que toutes les Françaises lui ressem-
» blent ! et, de retour à son établi, inventa les nouveaux
» corsets, espèces de bustes sans tête, qui, au moyen de
» ressorts souples et élastiques, se modèlent sur le
» corps, ou plutôt, le modèlent sur eux ».

Au milieu de ces distractions, la vie de Gravelle de
Fontaine poursuivait son cours paisible et l'ambition ne
hantait pas de ses rêves la demeure tranquille où le
proscrit de 1789 avait rencontré le calme et le repos. Il
n'avait demandé ni faveurs, ni réparations au gouvernement que la France s'était donné et n'avait pas plus
assiégé de ses requêtes Bonaparte que Napoléon. Tout
pouvoir nouveau a à se défendre contre des solliciteurs
de deux espèces : les premiers réclament le prix des
services qu'ils soutiennent avoir rendus pendant la lutte,
tel ce tory qui, à l'avènement de Charles II n'hésitait
pas à demander une place dans la maison royale pour
avoir, sous le protectorat de Cromwell, trompé un
mari whig. Les autres supputent les torts que la lenteur

du triomphe leur a fait subir et n'exigent pas moins
qu'une indemnité égale au préjudice dont ils prétendent
avoir souffert dans leur carrière, semblables à cet enseigne de vaisseau qui, après avoir quitté la marine
pour ne pas obéir à l'autorité républicaine, exposait à
Louis XVIII que, même sans compter l'avancement dû
aux actions d'éclat qu'il aurait pu accomplir, il se serait
sûrement, sans sa démission, élevé à l'ancienneté jusqu'au grade de contre-amiral, dont la justice du roi
devait payer son dévouement ; calculateur aussi cour-
roucé que stupéfait quand on lui répondit que le spirituel
monarque, en reconnaissant ses droits, l'invitait à
remarquer qu'il avait oublié un fait essentiel, c'est qu'il
avait été tué à la bataille de Trafalgar (1). Exempt de
pareilles velléités et plus que jamais dégagé de toute
préoccupation politique, l'ancien conseiller au Parlement
de Rouen ne songeait guère à quitter, pour de nouvelles
fonctions, l'existence si douce que les événements et sa
sagesse lui avaient créée. Je ne sais si la lecture de la
Coutume de Normandie et de ses doctes commentaires
avait jadis beaucoup absorbé les loisirs que lui laissait
l'intervalle de ses audiences, et je ne doute pas qu'il
n'ait préféré le jardinage, les chansons, les agréments
de la société à l'étude austère des nouveaux codes dont
de grands jurisconsultes venaient de doter sa patrie.

Loin de moi l'idée d'insinuer qu'il y a imprudence à
être au mieux avec son préfet ; la fin de l'honnête
homme dont j'ai retracé la vie coïncida cependant

(1) Valbert (Cherbuliez). *Revue des Deux-Mondes*, 1885.

avec les témoignages de cette amitié officielle. Le salon largement ouvert de la rue de Montboron avait reçu plus d'une fois le comte de Montalivet, père de celui qui fut le ministre et l'intendant de la liste civile du roi Louis-Philippe. Appelé de la Préfecture de Seine-et-Oise au ministère de l'intérieur, M. de Montalivet se montra trop reconnaissant de l'accueil affable qui lui avait été fait, et le 25 mars 1813 Gravelle de Fontaine était nommé maire de Versailles. Installé le 22 avril suivant, le philosophe aimable, qui n'était plus apte à supporter le fardeau des affaires publiques, mourait le 17 juin de la même année, ne laissant de son administration passagère que le nom d'une rue affecté à sa mémoire dans la ville où il comptait de nombreux amis et le discours prononcé par son premier adjoint sur une tombe aujourd'hui disparue.

Le 4 août 1834, sa veuve s'éteignait à Versailles, âgée de 78 ans. Elle était suivie bientôt par les derniers survivants de la société d'élite, groupée autour des propriétaires de Val-Joyeux, couple béni, dont l'affection s'était accrue et développée par les épreuves d'une existence vouée à ce qui élève l'âme et améliore le caractère et, nul n'y contredira, bien digne de l'éloge que lui avait décerné l'amitié :

> « Aimables hôtes de ces lieux,
> » Recevez aussi notre hommage.
> » Tous nos moments les plus heureux,
> » Tous nos plaisirs sont votre ouvrage :
> » Chez vous on trouve à Val-Joyeux
> » Gayté, liberté, complaisance ;
> » Qui peut jamais mériter mieux
> » Notre reconnaissance ? »

La mort de Mme Gravelle de Fontaine a précédé de quelques années celle d'une des femmes les plus séduisantes de son cercle, Mme Beaujouan, liée avec M. Vastel, qui appartenait à la société des Antiquaires de Normandie et qui s'était retiré à Villepreux, après un long exercice au barreau de Versailles. C'est dans la conversation de cet admirateur passionné, de ce chevalier errant de Charlotte Corday (ses voyages pour élucider les points obscurs de la vie de son héroïne lui avaient mérité ce titre, spirituellement relevé par M. Eugène de Beaurepaire dans la notice nécrologique qu'il lui a consacrée), c'est dans les papiers de sa vieille amie, dont je dois la communication à l'obligeance de cet homme bienveillant et érudit, qui, lui aussi, vient de disparaître (1), que j'ai puisé les renseignements à l'aide desquels j'ai cherché à faire revivre une société dont le charme, il me plaît de le reconnaître, ne m'a pas laissé insensible. Le xviiie siècle y a marqué son empreinte ; mais l'influence du xixe s'y fait jour aussi et la coquetterie piquante, mais un peu sèche du premier semble y amollir son élégance et y affiner sa grâce au contact de sentiments vrais, trahis sans doute par une expression insuffisante, mais sous la pauvreté de laquelle perce la franchise du cœur. De ces expansion

---

(1) Société des Antiquaires de Normandie, Rapport sur les travaux de l'année 1885, par M. E. de Beaurepaire, secrétaire. — M. Charles Vastel, qui a publié neuf volumes ou brochures sur Charlotte Corday, n'a pas laissé sur le même sujet moins de 45 cartons de notes et documents déposés à la bibliothèque de Versailles. Né dans cette ville, le 4 décembre 1817, il y est mort le 30 janvier 1885.

familières dont la sincérité naïve est faite pour toucher, de cette poésie de salon, plus facile que littéraire, avec Alceste l'on pourrait dire (1) :

« La rime n'est pas riche et le style en est vieux ».

Mais, en dépit d'une versification négligée, on se sent pris à la saveur exquise de l'intimité qui règne entre des âmes honnêtes, à la pureté de leurs pensées, à la sérénité reposée de leur vie, et, comme le voyageur lassé se défatigue au bord d'une onde limpide et fraîche, l'on s'abandonne à la contemplation du spectacle de ces jours qui s'écoulent sans bruit, à l'abri des agitations, dans une ombre salutaire et fortifiante. L'impression douce, qui m'a dominé à la vue de ce tableau riant du passé, m'a fait éprouver un vif plaisir à le retracer : il serait doublé si je n'avais pas été seul à le goûter.

(1) Molière. *Le Misanthrope*, Acte I, sc. II.